BOEKANALYSE

AF137383

De Saturnusgedichten

• • • • • • • • • • • • • • • • •

Paul Verlaine

BOEKANALYSE

Geschreven door Sophie Chetrit
Vertaald door Nikki Claes

De Saturnusgedichten

PAUL VERLAINE

PAUL VERLAINE

FRANSE DICHTER

- **Geboren in 1844 in Metz**
- **Overleden in 1896 in Parijs**
- **Enkele van zijn werken:**
  - *Fêtes galantes* (1869), een dichtbundel
  - *Romances sans paroles* (1874), dichtbundel
  - *Les poètes maudits* (1884), essay

Paul Verlaine, geboren in 1844, was een dichter uit de tweede helft van de 19e eeuw. Hij werd in 1844 in Metz geboren in een middenklasse gezin en ging in Parijs studeren. Hij studeerde er rechten en werkte later in een verzekeringsmaatschappij en als expediteur op het Parijse stadhuis. In 1866 publiceerde hij de *Poèmes Saturniens*. Drie jaar later verscheen zijn tweede bundel *Fêtes galantes, die* de 18e eeuw van Watteau oproept. Hij trouwde in 1870 met Mathilde Mauté, een jong meisje uit de Parijse hogere middenklasse.

Na het beleg van Parijs en de opstand van de Parijse Commune in 1871 verliet Verlaine, die Arthur Rimbaud had ontmoet, zijn vrouw om hem te volgen naar Engeland en vervolgens naar België. Tijdens zijn reizen schreef hij een nieuwe bundel, *Romances sans paroles*. De twee dichters hadden een gepassioneerde relatie tot de beroemde avond van juli 1873, toen Verlaine zijn geliefde neerschoot en werd veroordeeld tot twee jaar gevangenisstraf, die hij uitzat in Brussel en Mons. Daarna bekeerde hij zich tot het katholicisme en bij zijn vrijlating uit de gevangenis in 1875 ging hij een tijdje terug naar Engeland waar hij leraar werd, om vervolgens terug te keren naar de Ardennen, naar Rethel, waar hij bevriend raakte met een van zijn leerlingen, Lucien Létinois, die in 1883 overleed.

Het jaar daarop publiceerde Verlaine *Les poètes maudits*, een boek waarin drie dichters werden geëerd: Tristan Corbière, Arthur Rimbaud en Stéphane Mallarmé. Zijn roem groeide en hij werd uitgeroepen tot de "Prins der Dichters", ook al raakte hij versleten en leidde hij een losbandig leven tot aan zijn dood door longcongestie in 1896.

DE SATURNUSGEDICHTEN

VERLAINE'S EERSTE DICHTBUNDEL

- **Genre:** poëzie
- **Referentie-uitgave:** VERLAINE P., *Poèmes Saturniens,* Gallimard, coll. «Folio», 2010, 96 p.
- **Thema's:** tijd, liefde, melancholie, muziek, poëzie

Paul Verlaine publiceerde de *Poèmes saturniens* op tweeëntwintigjarige leeftijd, hoewel hij naar verluidt al op de middelbare school, op zestienjarige leeftijd, met het schrijven ervan was begonnen. Hij had eerst gedacht deze verzameling *Poèmes et Sonnets* te noemen, voordat hij besloot tot de naam die we nu kennen, als verwijzing naar de Romeinse God en de donkere en melancholische planeet. De *Poèmes saturniens, in* eigen beheer uitgegeven en in 1866 gepubliceerd door Alphonse Lemerre, is Paul Verlaines eerste dichtbundel in verzen. Dit werk had echter slechts een beperkte ontvangst en werd destijds niet beschouwd als een belangrijke literaire gebeurtenis.

In deze periode bezocht Verlaine Parijse literaire kringen en droeg hij bij aan de eerste Parnasse contemporain (1866), een collectieve gedichtenbundel die het manifest en de illustratie vormde van de Parnasse-beweging. Dit was een beweging tegenover de romantische ontboezemingen, die een moderne, op formele perfectie en onpersoonlijke lyriek gebaseerde dichtkunst propageerden. Zijn leermeesters,

Leconte de Lisle, Baudelaire en Théodore de Banville, hadden een sterke invloed op Verlaines poëzie.

Over de ontstaansgeschiedenis van deze bundel is weinig bekend, maar de *Saturnusgedichten zijn*, net als Les *Fleurs du mal* (1857) daarvoor, gebaseerd op een expliciete architectuur. Ze beginnen met een inleidend gedicht dat de titel verklaart, en een proloog. Vervolgens zijn er vijfentwintig gedichten in vier afdelingen: "Melancholia", «Eaux fortes», «Paysages tristes» en «Caprices», plus een dozijn vrije gedichten gevolgd door een Epiloog die de bundel afsluit. Net als de grote oude dichters plaatste Verlaine zijn verzameling onder de bescherming van een god en droeg hij het eerste gedicht aan hem op. Het eerste gedicht is opgedragen aan Saturnus, een god die verwijst naar de onontkoombaarheid van het verstrijken van de tijd.

SAMENVATTING

HET OPENINGSGEDICHT

Het werk opent met een inleidend gedicht waarin Verlaine de bijzonderheid van zijn poëtisch project opeist en de titel van zijn bundel verklaart. Hij contrasteert de "wijzen van weleer", de traditionele dichters, met "zij die geboren zijn onder het teken van Saturnus" (v. 8), die hij later de vervloekte dichters noemt. Deze dichters worden geplaagd door melancholie, een melancholie die zich zowel als lijden als inspiratie aandient.

DE PROLOOG

Dit inleidende gedicht wordt gevolgd door een proloog, waarin Verlaine een motief oppakt dat al bij de romantici aanwezig was: dat van de dichter die tussen de mensen leeft, maar in de marge wordt geplaatst. Hij legt uit welke plaats hij binnen de maatschappij inneemt.

MELANCHOLIE

Opgedragen aan de violist en dichter Ernest Boutier, is dit deel zeker geïnspireerd door de gravure *Melancholia* van Albrecht Dürer (Duits tekenaar, schilder en graveur, 1471-1528). Het bestaat uit acht in alexandrijnen geschreven sonnetten: 'Ontslag', 'Nevermore', 'Na drie jaar', 'Gelofte', 'Lassitude', 'Mijn bekende droom', 'Aan een vrouw' en 'Angst'.

Hier vinden we herinneringen aan verloren of geïdealiseerde liefdes, waarin spijt en smart centraal staan. Dit gedeelte is waarschijnlijk geschreven toen Verlaine verliefd werd op zijn geadopteerde zus, die zijn liefde afwees.

- "Berusting" roept de afwijzing op van de dwaasheid van de jeugd.

- "Nevermore" verwijst naar een geïdealiseerd verleden en de nostalgie die het oproept ondanks de kuisheid van de beschreven liefde.

- In «Après trois ans» vertelt Verlaine over zijn terugkeer naar de plaats van zijn amoureuze ontmoetingen, waarbij hij de natuur gebruikt om zijn gevoelens weer te geven: "Rozen als voorheen, kloppen als voorheen" (v. 9).

- In 'Gelofte' mist hij zijn eerste liefdes, liefdes die zowel denkbeeldig als geïdealiseerd zijn. Het vijfde gedicht, 'Lassitude', behandelt de kwestie van zowel het verlangen naar een stille liefde als de slijtage van datzelfde verlangen.

- "My Familiar Dream" is zeker een van de bekendste gedichten uit de bundel. Het onthult Verlaines droom van een ideale vrouw, evenals de vele sensaties die hij ervaart wanneer hij met haar in contact komt.

- In «À une femme» schrijft hij aan deze ideale vrouw, waarbij hij zijn lijden overdrijft en een beroep doet op haar mededogen. Deze afdeling eindigt met 'Angst', een gedicht waarin Verlaine zowel de natuur als kunst en religie verwerpt, thema's die dichters gewoonlijk inspireren.

Terwijl "Resignation" een omgekeerd sonnet is, bestaande uit twee tercetten gevolgd door twee kwatrijnen, en "Lassitude" een onregelmatig sonnet is waarbij de rijmen worden gekust en vervolgens gekruist in de tercetten (CCDEED), zijn de andere gedichten Franse sonnetten volgens een klassiek patroon, met veel rijke rijmen.

ETSEN

Opgedragen aan de negentiende-eeuwse Franse dichter, toneelschrijver en romanschrijver François Coppée (1842-1908), heeft de afdeling 'Eaux-fortes' een titel die zeker verwijst naar het etsproces met behulp van een zuurgebeten plaat. Het bevat vijf gedichten: 'Croquis parisien', 'Cauchemar', 'Marine', 'Effet de nuit' en 'Grotesques'.

In dit deel beschrijft Verlaine een stad tussen verlatenheid en moderniteit, waarop hij dromerige landschappen plaatst.

- "Parisian Sketch" biedt een sombere beschrijving van Parijs.

- "Nightmare" neemt ons mee naar een fantasiewereld waar een ruiter wordt meegesleurd in een gewelddadige beweging.

- In 'Marine' leent de dichter een thema van de Romantici door een oceaan in een storm te beschrijven, om zijn existentiële duizeling over te brengen.

- « Effet de nuit » toont ons vervolgens een verontrustende nachtscène, waaraan Verlaine een picturaal aspect geeft.

- "Grotesken" is een karikatuur van marginale personages: het beschrijft zwervers en de afwijzing die zij ondergaan.

De hier gepresenteerde gedichten zijn zeer divers. Metrisch variëren ze van quadrisyllabisch tot alexandrijn. Qua vorm zijn ze samengesteld uit één tot tien strofen, die op hun beurt bestaan uit zowel kwatrijnen als kwintolen, of zelfs veertien regels in het geval van «Effet de nuit». Evenzo kunnen de rijmen worden gekruist (in «Croquis parisien» en «Grotesques»), gevolgd (in «Cauchemar» en «Effet de nuit») of omarmd (in «Marine»), met zowel even als oneven genummerde regels.

 ## GOED OM TE WETEN.

De vorm van de strofen

Een kwatrijn: is een strofe van vier regels.

Een quintil: is een strofe van vijf regels.

Een sizain: is een strofe van zes regels.

Rijmt

Omarmde rijmen: zijn rijmen die door andere rijmen worden omlijst. Ze nemen de vorm ABBA aan.

Doorlopende (of vlakke) rijmen: zijn rijmen die het AABB-patroon volgen.

Kruisrijm (of wisselrijm): is opgebouwd in een afwisseling van twee op twee. Ze volgen het ABAB-patroon.

Vrouwelijk rijm: een vrouwelijk rijm is wanneer het laatste foneem een "caduc e" bevat (bijv. "O sweet sound of rain", Verlaine).

Mannelijk rijm: er is sprake van mannelijk rijm wanneer identieke klanken voorkomen aan het eind van twee of meer regels die eindigen op een volle lettergreep.

Rijke rijmen: zijn rijmen met drie homofonen tussen tonische klinkers en medeklinkers.

Slechte rijmen: worden gekenmerkt door het rijmen van één foneem, de laatste tonische klinker van de woorden.

Voldoende rijm: komt overeen met de herhaling van twee identieke klanken (bijvoorbeeld: paard/loyaal).

De wormen

Even-nummer: heeft een even aantal lettergrepen.

Oneven vers: heeft een oneven aantal lettergrepen.

TRIESTE LANDSCHAPPEN

De term "trieste landschappen" verwijst naar een picturale stijl, met name aanwezig in de werken van Jean-Baptiste Corot (Franse schilder en graveur). Deze rubriek is opgedragen aan Catulle Mendes, oprichter van het hedendaagse Parnassus. Het bestaat uit zeven gedichten: 'Sunsets', 'Mystical Evening Twilight', 'Sentimental Walk', 'Night of the Classical Walpurgis', 'Autumn Song', 'The Shepherd's Hour' en 'The Nightingale'.

Verlaine ontwikkelt zijn eigen lyriek door herfstige landschappen te beschrijven, die doen denken aan de droefheid van een donkere en achtervolgde ziel. In de eerste twee gedichten beschrijft de dichter het schouwspel van ondergaande zonnen die uitnodigen tot mijmering, melancholie en angst. Vervolgens is de 'Promenade sentimentale' een begrafeniswandeling door een waterig landschap, waarin Verlaine de afwezigheid van de geliefde betreurt. «La nuit du Walpurgis classique» kondigt de galante feesten aan; «Chanson d'automne» stelt de dichter in staat zijn amoureuze impulsen op te roepen en zijn emoties te delen door de beschrijving van het landschap. «L'heure du berger» (Het uur van de herder) roept opnieuw de komst van de nacht op, terwijl «le Rossignol» (De nachtegaal), een symbool van het liefdeslied, hem in staat stelt een liefde op te roepen die gedoemd is te verdwijnen en het lijden dat daaruit voortvloeit. We vinden hier dus een eenheid van toon en setting.

Dit deel blijft echter gevarieerd qua metrum en rijm. Ook de poëtische vormen zijn divers: vier gedichten ('Sunsets', 'Mystical Evening Twilight', 'Sentimental Walk', 'The Nightingale') bestaan uit één strofe, een 'blok' van tussen de dertien en twintig regels, terwijl 'Classical Walpurgis Night' een architectuur heeft van elf kwatrijnen, 'Autumn Song' vier strofen, en 'The Hour of the Bank' drie kwatrijnen.

CAPRICES

De «Caprices» verwijzen naar 18e-eeuwse gravures, met name die van de Spaanse schilder en graveur Francisco Goya. Dit deel is opgedragen aan de dichter Henry Winter, die meewerkte aan de eerste bundel van het hedendaagse Parnassus. Het bestaat uit vijf gedichten: «Femme et chatte», «Jésuitisme», «La chanson des ingénues», «Une grande dame» en «Monsieur Prudhomme».

De liefdesrelatie en de vrouwen staan hier centraal. Er is een "kut" (« Femme et chatte »), een « ingénue » (« La chanson des ingénues »), een « dame », "koningin" en « courtisane » (« Une grande dame », v. 8), een "meesteres" (« Sérénade », v. 3), enz. In « Femme et chatte », « Jésuitisme » en « La chanson des ingénues » wordt het Baudelairiaanse thema van vrouwelijke dubbelhartigheid overgenomen; Verlaine hekelt vrouwelijke perversie en wreedheid en het verdriet dat zij veroorzaken. In « Une grande dame » roept hij een koude en ontoegankelijke vrouw op, die hij evenzeer bewondert als veracht. De dubbel-zinnigheid van Verlaines relatie met vrouwen, die complex en gevarieerd is, wordt zo begrepen. De afdeling eindigt met « Monsieur Prudhomme », een satirisch gedicht waarin Verlaine een diep materialistische bourgeois portretteert, die hij afzet tegen de dichters, die zich bezighouden met kunst en letteren, maar veroordeeld zijn tot een leven in de marge van de samenleving.

Deze gedichten vinden hun eenheid in hun satirische aspect, hoewel de voorgestelde poëtische vormen uiteenlopen. Vrouw en poesje' is een onregelmatig sonnet van octosylla-ben; 'Jezuïtisme' een gedicht in zestien regels; 'Het lied van de Ingenues' een gedicht in acht kwatrijnen; 'Een grote dame' en 'Monsieur Prudhomme' regelmatige sonnetten.

ANDERE GEDICHTEN

De twaalf volgende gedichten, voornamelijk geschreven in alexandrijnen, behandelen de belangrijkste thema's van de bundel: melancholie, tijd en gewonde liefde. Het zijn 'Initium', 'Cavitri', 'Sub Urbe', 'Serenade', 'Un dahlia', 'Nevermore', 'Il

Bacio', 'Dans les bois', 'Nocturne parisien', 'Marco', 'César Borgia', 'La mort de Philippe II'.

EPILOOG

Een laatste afdeling biedt drie gedichten; dit is de Epiloog. Het gaat over poëtische kunst, inspiratie, emotie en werk. Verlaine keert terug naar formele kwesties en naar de Parnassiaanse esthetiek.

VERLICHTING

In het midden van de 19e eeuw, toen Verlaine begon te schrijven, deelden twee stromingen de ruimte van de poëtische expressie: de Parnassus en de Romantiek. Net als Baudelaire voor hem stelde Verlaine zijn eigen synthese van deze invloeden voor.

OVER DE INVLOED
VAN DE PARNASSIANEN...

Toen Verlaine de *Poèmes saturniens* schreef, bezocht hij de Parnassiaanse auteurs, prolix dichters die zich verzetten tegen de romantische ontboezemingen en een moderne poëtische kunst voorstelden. Zij waardeerden "kunst om de kunst" (Théophile Gautier), met als enige doel schoonheid. Zo verwerpt hij alle subjectieve en sentimentele lyriek van de Romantiek en elk sociaal of politiek engagement.

Leconte de Lisle, die beschouwd wordt als de leider van de Parnassiaanse beweging, was de leraar van de jonge dichters van deze school. Hij schreef de *Poèmes antiques* (1852), de *Poèmes barbares* (1862) en de *Poèmes tragiques* (1884), werken waarmee hij in 1887 werd toegelaten tot de Académie française. Hij zette de volgende poëtische principes uiteen:

- Poëzie moet onpersoonlijk en terughoudend zijn

- Poëzie moet zich richten op het werk van de vorm

- Poëzie moet gericht zijn op schoonheid, waarvoor de oudheid de absolute canons biedt...

Zo wil hij het persoonlijke thema verlaten en terugkeren naar de zuivere bronnen van de oudheid, een tijd waarin de dichter een arbeider was die woorden smeedde. Als pessimistisch dichter ziet hij poëzie als een toevluchtsoord voor de ontgoocheling van de wereld.

Tegelijkertijd valt ook de invloed van Theodore de Bandeville op. Een Franse dichter, toneelschrijver en literair criticus, hij is beroemd om zijn *Odes funambulesques* en *Les Exilés* (1867). Als vriend van Victor Hugo en Théophile Gautier was hij ook een van de voorlopers van Parnasse, met een exclusieve liefde voor schoonheid en de universele helderheid van de poëtische daad. Hij was zowel de vijand van de nieuwe realistische poëzie als de vijand van de romantische driften.

In zijn *Confessions* verklaart Verlaine dat hij de *Poèmes saturniens* schreef op zestienjarige leeftijd, toen hij nog op de middelbare school zat, in een tijd dat hij onder invloed stond van Leconte de Lisle en zijn volgelingen. De poëzie van Verlaine is dan ook uitvoerig en streeft naar perfectie en strengheid in vorm en in de uitdrukking van gedachten en gevoelens. Hij vermijdt uitbundigheid, beitelt zijn verzen en volgt daarmee de Parnassiaanse voorschriften. Hij gebruikt deze leefregels ook als inspiratiebron voor zijn schrijven. Het gedicht 'Resignation', bijvoorbeeld, is geïnspireerd door Banville's karakteristieke smaak voor het Oosten, maar ook door de zeldzame rijmen die kenmerkend zijn voor de stroming.

... NAAR DIE VAN DE ROMANTICI

Geboren in Duitsland aan het eind van de 18e eeuw, verscheen de Romantiek in Frankrijk aan het begin van de 19e eeuw. Het was de tweede culturele beweging die opkwam toen Verlaine zijn gedichten publiceerde. Het is een culturele en literaire beweging, die alle kunsten raakte en zich afzette tegen de klassieke traditie en het rationalisme van de Verlichting. Het bevorderde de persoonlijke expressie en bood de kunstenaar de mogelijkheid alle mogelijkheden van de kunst te verkennen om zijn gevoelens uit te drukken.

De grote thema's van de Romantiek zijn melancholie en lijden, natuur, dromen, geschiedenis en politiek engagement. Deze grote romantische thema's zijn terug te vinden bij Verlaine. Allereerst is de melancholie aanwezig in de bundel, zoals de titel van het eerste deel 'Melancholia' aangeeft. Het thema liefde is ook aanwezig. "My Familiar Dream", een sonnet geschreven in alexandrijnen en bestaande uit twee kwatrijnen en twee terzetten met gekuste rijm, bijvoorbeeld, handelt over de onmogelijke liefde voor een vrouw en zoekt tegelijkertijd naar een vorm van muzikaliteit. De dichter schommelt tussen het geluk van deze liefde en het lijden dat ze veroorzaakt, omdat ze niet kan worden bereikt. Het gedicht heeft daarom een romantische essentie.

Verder moet worden opgemerkt dat Verlaine zich uitdrukkelijk laat inspireren door de grote romantische auteurs, zoals François-René de Chateaubriand, Gérard de Nerval en Alfred Musset. Zo laat hij zich in « Mon rêve familier » inspireren door de figuur van de Sylphide, die Chateaubriand gebruikt in zijn *Mémoires d'outre-tombe* en in *René*. In « Monsieur Prudhomme » is de intertekstualiteit opnieuw zichtbaar, met name door het beeld van de « charmille », een beeld dat zowel in de spreuken van Musset als in de geschriften van Nerval wordt gebruikt wanneer hij over de liefde spreekt.

Het zijn echter de teksten van Victor Hugo die een belangrijke inspiratiebron vormen. In de « Ballade des ingénues » wordt bijvoorbeeld verwezen naar het personage Caussade, dat hij in het toneelstuk *Marion Delorme* vertolkt. Een beroemde libertijn, hij jaagt op ingenieuze vrouwen en verlangt naar hen. Naast deze verwijzingen zijn de werken van Victor Hugo ook de bron van hele gedichten, zoals « La mort de Philippe II » geïnspireerd op de dichtbundel *La légende des siècles* (1859). Verlaine verschijnt als een geëngageerd dichter, hoewel hij slechts zelden als zodanig wordt ervaren. Hier stelt hij zich Filips II voor, zoon van Karel V, op zijn sterfbed, betreurend dat hij de inquisitie heeft aangemoedigd om de steun van de paus te verwerven en zijn heerschappij te vestigen.

DE INVLOED VAN CHARLES BAUDELAIRE

Baudelaire was romantisch vanwege zijn temperament en zijn bewondering voor Victor Hugo, aan wie hij de « Tableaux parisiens » opdroeg. Hij is een Parnassiaan vanwege de principes waaraan hij vasthoudt: werk, beheersing, strengheid. Hij was zich bewust van zowel de zwakheden van de Romantiek als de grenzen van de Parnassiaanse esthetische onverzettelijkheid. Door een derde weg voor te stellen vond hij een poëtische moderniteit uit, beschermd tegen de excessen van beide bewegingen. *De Fleurs du mal* (1857) zijn de illustratie van deze moderniteit; zij vormen een synthese van de twee stromingen en verkennen tegelijkertijd nieuwe mogelijkheden van creatie en expressie.

Baudelaire gelooft in de verbeelding als een beredeneerd scheppingsvermogen; hij stelt dat de verbeelding wordt bewerkt en geconstrueerd, waarmee hij een voorloper is van het symbolisme. Qua vorm bleef hij klassiek, het gebruik van het sonnet en de alexandrijn bleven de meerderheid in dit werk dat een schandaal veroorzaakte. Hij koos ervoor gedichten te schrijven waarin de dichter het slachtoffer is van milt, een toestand van fysieke, morele en intellectuele depressie. Het is deze milt die hem in staat stelt nieuwe ruimtes te verkennen en zijn schrijven in vraag te stellen.

De Fleurs du mal hadden een grote invloed op de dichters van de tweede helft van de 19e eeuw, waaronder Verlaine. In de *Poèmes saturniens eigende* hij zich de satirische stijl van Baudelaire en diens voorliefde voor provocatie toe en nam hij een stijl aan die dicht bij de zijne lag. Deze invloed is merkbaar in gedichten als «Femme et chatte», waar de uitroepende apostrof «scélérate» (v. 5) herinnert aan Baudelaires provocatie. Ook in «Monsieur Prudhomme» gebruikt Verlaine het komische register als hij een materialistische bourgeoisie satireert: "Hij is een burgemeester en een familieman" (v. 1).

Daarnaast is Baudelaires eigen stedelijke thema zichtbaar in 'Nocturne parisien'. Ook Verlaine pakt het thema milt op, met name in het gedicht 'Angst', waar de ontkenning sterk aanwezig is. Zijn schrijven is echter zeer persoonlijk, intiem en getint met eenzaamheid. De herinneringen die worden opgeroepen zijn vaag, waardoor ze een universele dimensie krijgen.

SLEUTELS TOT HET LEZEN

DE POËTISCHE VORM: OMKERING VAN HET KLASSIEKE SONNET EN ONEVEN GENUMMERDE REGELS

In het werk van Verlaine komen veel sonnetten voor. Van de negenendertig *Poèmes saturniens zijn er* elf sonnetten. Er zijn er acht in de afdeling "Melancholia" en drie in de afdeling "Caprice". Deze sonnetten worden omlijst door een reeks gedichten of afdelingen zonder sonnetten. Er is dus een strofische afwisseling.

Een sonnet is een dichterlijke vorm, in de 16e eeuw populair gemaakt door de dichters van de Pléiade. Het kwam weer in de mode in de 19e eeuw door Théophile Gautier, de Parnassianen en Charles Baudelaire. Eerst geschreven in decasyllaben en vervolgens in alexandrijnen, staat de strofische organisatie ervan vast: het bestaat uit veertien regels, twee kwatrijnen gevolgd door twee tercetten. De betekenis moet volledig zijn na elk kwatrijn en elk tercet. Ook voor het rijmschema gelden bepaalde beperkingen. Tot de 16e eeuw was het de gangbare praktijk dat de rijmen in de kwatrijnen werden omarmd en in de twee strofen identiek waren (ABBA/ABBA). Voor de terzetten stelt het Italiaanse sonnet het volgende schema voor: CCD EED.

In zijn *Petit traité sur le Sonnet* beschrijft Théodore de Banville de vorm van het Franse sonnet. Hij bepaalt dat de eerste en vierde regel van de kwatrijnen op elkaar moeten rijmen, evenals de tweede en derde regel van de kwatrijnen. Ook stelt hij dat de eerste en tweede regel van de eerste terzine rijmen, terwijl de derde regel van de eerste terzine rijmt op de tweede regel van de tweede terzine. We hebben dus een patroon in ABBA ABBA CCD EDE. Naast de kwesties van strofen en rijmen moet het sonnet bepaalde constructieve modaliteiten respecteren.

Het sonnet is verdeeld in twee blokken die een vergelijking, een tegenstelling, een progressie of twee verschillende thema's met elkaar kunnen verbinden. Ze culmineren in een clou, waarvan de allerlaatste regel een korte en briljant geformuleerde conclusie is. Het sonnet moet volgens Boileau ook de geringste afwijking van het onderwerp, zwakke lijnen, overbodige uitdrukkingen en herhalingen afwijzen. De regels moeten precies en nauwkeurig zijn, met rijke rijmen die afwisselend mannelijk en vrouwelijk zijn.

Tegenover deze sonnetten van voltooide schoonheid stelt Verlaine een verlangen naar dichterlijke moderniteit en stelt onregelmatige sonnetten voor. Sommige van Verlaines sonnetten volgen niet de patronen van strofe, maat en rijmverdeling, en markeren zo een geleidelijk verlaten van de opgelegde regels.

- Er zijn omgekeerde sonnetten, zoals het gedicht 'Ontslag', waarin de tercetten en kwatrijnen worden omgekeerd. Deze omkering stelt hem in staat de kindertijd en de mijmering door de evocatie van een gedroomd en gefantaseerd Oosten tegenover de huidige tijd te stellen, waarin de dichter zich gematigder moet opstellen.

- In plaats van even genummerde regels, zoals decasyllaben of alexandrijnen, gebruikt Verlaine ook oneven genummerde regels. Dit is met name het geval in « Cauchemar », waar hij heptasyllaben gebruikt, en in « Marine » en « Soleils couchants », waar hij pentasyllaben gebruikt. Dit is een duidelijke breuk met de klassieke prosodie en de heerschappij van de alexandrijn. De oneven coupletten zijn minder regelmatig, waardoor het automatisme van het lezen wordt doorbroken en de lezer een meer persoonlijke cadans krijgt.

- Verlaine bevrijdt zich van de regel om mannelijke en vrouwelijke rijmen af te wisselen. Hij gebruikt assonantie als discrete muzikaliteit en voegt binnenrijm toe, waardoor de klank een centrale plaats krijgt.

- Hoewel Verlaine gevoel heeft voor formele perfectie en een lineaire en symbolische poëtische vorm voorstelt, staat hij toch dicht bij proza, met teksten die gemaakt zijn om in het openbaar op expressieve wijze te worden voorgedragen. Het vers absorbeert soms wendingen van mondelinge taal en onthult zo een innerlijk lied. Dit is vooral het geval in het gedicht "Zonsondergang".

DE HOOFDTHEMA'S VAN DE COLLECTIE

De drie hoofdthema's van de bundel zijn melancholie, tijd en liefde, een liefde die zowel geïdealiseerd als verloren is.

Melancholie in Verlaine

Melancholie is het centrale thema. Het loopt door de hele collectie. Voor Verlaine is het veel meer dan een gevoel. In de afdeling "Melancholie" lijkt Verlaine het thema van Baudelaire's milt op te pakken, met name in het gedicht « L'Angoise », waar de negatie sterk aanwezig is, alsof de dichter in het niets wordt meegesleurd. Hij biedt echter een zeer persoonlijke en intieme beschrijving van de milt. De herinneringen die worden opgeroepen zijn vaag, waardoor ze een universele dimensie krijgen. Meer dan een gevoel is melancholie ook een ruimte en een tijdelijkheid.

Het is verankerd in landschappen die dit gevoel accentueren, met name in de gedichten "Sunsets" of "Sentimental Walk". Het verwijst naar het herfstseizoen via het gedicht « Chanson d'automne » en « Crépuscule du soir mystique ». Verlaine toont zich uiterst gevoelig voor een natuur waarin zijn persoonlijke gevoelens doorklinken. Zo schrijft hij lyrische poëzie, waarin muzikaliteit een belangrijke rol speelt. De muziek, die in het hele werk aanwezig is, begeleidt de melancholie, geeft ritme aan de traagheid en de loomheid. Het is met name gebaseerd op de viool, het instrument van verdriet bij uitstek. Dus, in « Chanson d'automne »:

"Violen

Van de herfst

Mijn hart gekwetst

Van een loomheid

Monotoon." (v.2-6)

Zo ook in "Initium": "De violen vermengden hun gelach met het gezang van de fluiten" (v. 1).

Saturnus en de figuur van de tijd

Het thema tijd is ook aanwezig, met name door de figuur van Saturnus. Saturnus is een van de oudste goden van Lazio en Midden-Italië. Als agrarische godheid bij uitstek was hij verantwoordelijk voor het beschermen van de zaden die aan de aarde waren toevertrouwd. De maand december, waarin het kiemwerk begon, de opmaat naar de oogst, was gewijd aan Saturnus. De legende die rond hem ontstond, vermengt Latijnse en Griekse tradities en stelt hem gelijk aan de figuur van Kronos, god van de Hellenen en oergod van de tijd. Er werd voorspeld dat Saturnus onttroond zou worden door zijn zonen. Om aan zijn lot te ontsnappen, besluit hij hen te verslinden.

Zijn vrouw Rhea, ontzet door zijn wreedheid, verbergt de laatstgeborene, Jupiter, die hem uit Olympus verdrijft. Saturnus verlaat dan Griekenland voor Italië en vestigt zich op de rechteroever van de Tiber, waar Rome zal worden gebouwd. Hij werd verwelkomd door Janus, koning van het land, aan wie hij landbouwonderwijs gaf. In ruil gaf Janus hem de heuvel op de rechteroever van de Tiber: het Capitool. Vaak voorgesteld met een sikkel of een zeis, verdwijnt Saturnus plotseling. Ter ere van hem richtte Janus een altaar op en vierde het Saturnaliënfeest.

Deze God, die de periode voorafgaand aan de winterzonnewende voorzit, geeft zijn naam aan de planeet van het zonnestelsel, bekend om zijn gele kleur en zijn stervormige ringen. Sinds de oudheid staat het bekend om zijn negatieve invloed op het menselijk leven. Het veroordeelt degenen die onder zijn teken worden geboren tot ongeluk, en plaatst hen onder het teken van tijd en fataliteit waarnaar de mythe van Saturnus verwijst. Zo haakt Verlaine in op een oude traditie, waardoor hij melancholie en artistieke creatie met elkaar in verband brengt.

In de collectie vinden we thema's die aan deze mythe doen denken, zoals het verraad van de vrouw, de onmogelijkheid om aan je lot te ontsnappen, het belang van de natuur en wat zij de man te bieden heeft. De kwestie van de tijd is ook zeer aanwezig. De 'Proloog' heeft al een driedelige structuur: 'In die fabelachtige tijd' (v. 1), 'Later' (v. 37) en 'Vandaag' (v. 51), alsof Verlaine een reis door de tijd maakt. Ook het gedicht 'Nevermore', dat volgt op de vier delen, verwijst naar de onvermijdelijkheid van het verstrijken van de tijd. Het bevat het lexicale veld van ouderdom: 'oud' (vers 1, vers 5), 'oude man' (vers 8), 'rimpels' (vers 9), 'vergeeld' (vers 10). Verlaine laat zien hoe de tijd zowel de wereld als het lichaam markeert. De kracht ervan is zodanig dat ze niet kan worden afgeremd of verhinderd dat ze langzaam naar een voorspelde vernietiging leidt.

Het derde grote thema van de collectie: de liefde

Liefde in Verlaine verwijst naar een ideale, maar onmogelijke of ongelukkige liefde. Het is vaak geïdealiseerd en onstoffelijk, zoals in «Mon rêve familier», waar het gaat over een "onbekende vrouw" (v. 2), of in «À une femme», waar Verlaine opnieuw spreekt over een gedroomde, ingebeelde vrouw. Als ze niet wordt verbeeld, wordt de liefde verbannen naar het verre verleden, zoals in «Vœu» of "Nevermore". Anders kan het worden gecombineerd met eenzaamheid en afwezigheid, zoals in 'Promenade sentimentale', waar de dichter alleen en verdrietig is en zijn verdriet herhaalt.

De liefde waarvan in deze collectie sprake is, is de liefde voor sensuele en gevaarlijke, ontoegankelijke en slinkse vrouwen zoals die voorkomen in «Femme et chatte» of «la chanson des ingénues». In de ogen van Verlaine zijn vrouwen grotendeels verantwoordelijk voor het mislukken van de liefde en het verraad dat daarop volgt. Hij maakt van de liefde voor de vrouw een ononderbroken kwaad. Hij veralgemeent het gevoel en de ervaringen van liefde die iedereen bedwelmt. Hij voelt zich schuldig omdat hij vergeefse liefdes betreurt en anderen voortdurend opnieuw wil uitvinden. Zo komt Verlaine dicht bij een Baudelairiaanse opvatting van de liefde. Hij transformeert liefdesrelaties in een constante spanning tussen plezier en verdriet, maar ook tussen werkelijkheid en verbeelding.

Dit concept van liefde houdt natuurlijk verband met de biografie van de auteur en zijn liefdespartners. In die tijd was de liefde van haar leven haar nicht Elisa, die haar moeder had geadopteerd. Haar liefde afwijzend, trouwde ze met een suikerman voordat ze stierf in het kind. Verlaine werd toen verliefd op Mathilde Mauté, die tien jaar jonger was dan hij. Hij kreeg een kind bij haar, verloor zijn interesse en beleefde vele avonturen, tot zijn hartstochtelijke ontmoeting met Arthur Rimbaud.

VERLAINE: SYMBOLISTISCH DICHTER

Door bij te dragen aan de vernieuwing van de poëtische expressie stelt Verlaine een werk voor dat de perceptie van het universum sublimeert. Net als Baudelaire, die met *Les Fleurs du mal* de weg vrijmaakte voor het symbolisme, transcribeerde Verlaine visioenen en innerlijke landschappen die ideeën weergeven waarmee ze naar analogie verbonden zijn. Hij werkte aan de kunst van de suggestie, dingen oproepen zonder ze te benoemen, gewoon door de sensaties die ze bij hem opriepen.

De grote thema's van de *Poèmes saturniens* verwijzen ons rechtstreeks naar de grote principes van het symbolisme. Belegd met een heilige missie, lijkt Verlaine overeenkomsten te willen tonen tussen de zintuiglijke wereld en de geestelijke, onzichtbare en ideale wereld. Hij roept zijn gemoedstoestanden op door middel van ideale landschappen met verborgen realiteiten. Hij probeert de vlucht van de tijd en de duizeling van het moment te beschrijven. Zo verwerpt hij zowel het rationalisme als het materialisme, op zoek naar de herontdekking van de mysteries van de wereld. Hij beschrijft zijn dromen en geeft alle ruimte aan ambivalentie en nuance, waarbij hij de voorkeur geeft aan vergankelijkheid boven duurzaamheid. Hij gebruikt een symbolische en muzikale taal, die de kwetsbaarheid van sensaties vertaalt. Hij is voorstander van de liberalisering van verzen.

De Poèmes saturniens luidden dus tot op zekere hoogte de opkomst van de symbolistische beweging in, een beweging waarvan hij de codes zou gebruiken in zijn latere werken zoals *Art poétique* (1874), de bundel *Jadis et Naguère* (1884) en *Les poètes maudits* (1888). Hoewel Verlaine soms wordt gezien als de leider van de symbolisten, heeft hij nooit beweerd er een te zijn. Hij hield liever de mythe in stand van de vervloekte dichter die lijdt en sterft door fysiek en sociaal falen.

MOGELIJKHEDEN TOT BEZINNING

EEN PAAR VRAGEN OM OVER NA TE DENKEN...

- Wat is in het licht van de proloog de plaats van de dichter volgens Verlaine?

- Hoe kunnen we zeggen dat de *Poèmes saturniens* beïnvloed zijn door het Parnassianisme?

- Is loodvergiftiging gewoon melancholie?

- Vergelijk Baudelaires milt met Verlaines melancholie.

- Welke indruk geeft de omkering van kwatrijnen en terzinen in het gedicht "Ontslag"?

- Hoe zorgt het gebruik van oneven getallen voor muzikaliteit?

- Analyseer het belang van geluidseffecten: hoe dragen ze bij tot de betekenis van de gedichten?

- Wat is Verlaine's verband tussen literatuur en kunst?

OM VERDER TE GAAN

REFERENTIE-UITGAVE

VERLAINE P., *Poèmes Saturniens*, Gallimard, coll. « Folio », 2018.

BENCHMARKSTUDIES

AGUETTANT L., *Verlaine, Les introuvables*, 1978, 240 p.

BERNARDET B. (ed.), *Verlaine, première manière. Poèmes saturniens, Fêtes galantes, Romances sans paroles (1866-1874)*, PUF, coll. « Cned-PUF », 2007.

BORNECQUE J-H., *Les poèmes saturniens de Verlaine*, Nizet, 1967, 255 p.

DUBOIS C., *Étude sur Paul Verlaine: Poèmes saturniens*, Parijs, Ellipses, 1998, 96 p.

GUYAUX A. (dir.), *Les premiers recueils de Verlaine. Poèmes saturniens, Fêtes galantes, Romances sans paroles*, Parijs, PUPS, 2008, 217 blz.

MURPHY S., *Lectures de Verlaine : poèmes saturniens, fêtes galantes, romances sans paroles,* Presses universitaires de Rennes, 2007, 314 p.

BELANGRIJKSTE MUZIKALE BEWERKINGEN

ABBIATE L., Chanson d'automne, *Pièces pour chant et piano n° 2,* Parijs, 1899.

AMIET P., Nevermore, *Vier melodieën voor zang en piano,* Parijs, 1926.

ANDRÉ J., Chanson d'automne, *Mélodies et chansons n° 2*, Parijs, 1928.

ARHAM M., Chanson d'automne, *Douze mélodies, 3e série n° 5*, Parijs, 1914.

BELLIARD M., Chanson d'automne, *Quatre mélodies n° 2*, Parijs, 1920.

BERNAERT A., Chanson d'automne, *op. 1 n° 1, 3 Mélodies n° 1*, Luik, 1920.

BONNAUD F-L, *Paysages tristes*, Parijs, 1897.

BONNEAU P., Nevermore, *SEMI*, Parijs, 1955

BORDES C., *Paysages tristes, n° 2*, Parijs, 1902.

BRITTEN B., Chanson d'automne, *Quatre chansons françaises No. 4*, Londen, 1982.

CARPENTER J-A., *Vier gedichten van Paul Verlaine, nr. 2*, New York, 1912.

CHARPENTIER G., Chanson d'automne, *Poèmes chantés, n° 14*, Parijs, 1894.

DELIUS F., Herfstlied, *Fünf Gesänge, nr. 5, Köln am Rhein*, 1915.

De FAY R., Chanson d'automne, *Mélodie n° 2*, Parijs, 1902.

FERRE L., Mon rêve familier, Soleils couchants en Chanson d'automne, 1970.

FRAGGI H., Chanson d'automne, *Poèmes en musique, n° 2*, Marseille, 1920.

LIMA FRAGOSO A., *Cinq mélodies de Paul Verlaine, n° 3*, Paris 1917.

FRONTIN G-L., Chanson d'automne, *Sous les chênes verts, n° 7*, Paris, 1912.

HAHN R., Chanson d'automne, *Chansons grises, n° 1*, Parijs, 1893.

DE HARTMANN, *Paysages tristes, nr. 5*, Parijs, 1941.

JOSTEN W., *Trois mélodies de Paul Verlaine, No. 2*, Parijs, 1931.

KOVALEV P I., *Zes liederen op gedichten van Paul Verlaine, nr. 3*, Moskou, 1925.

PANIZZAH, *Negen gedichten van Paul Verlaine, nr. 1*, Milaan, 1899.

PASSANI E-B, *Trois poèmes de Verlaine, n°1*, Parijs, 1952.

*We horen graag van jou! Laat
een reactie achter op jouw online bibliotheek
en deel je favoriete boeken op social media!*

www.50minutes.com

Master ISBN: 9782808687805
Papier ISBN: 9782808699204
Wettelijk depot: D/2023/12603/1200

Omslag: © Primento

Digitaal ontwerp: Primento, de digitale partner van uitgevers.